AF125931

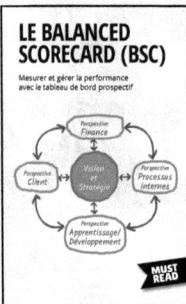
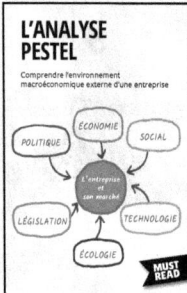

Une publication de Peter Lanore

LA MÉTHODE TIPI

Gérer ses émotions
et ses peurs inconscientes

LA MÉTHODE TIPI

INTRODUCTION

La méthode TIPI, également connue sous le nom de « Technique d'Identification sensorielle des Peurs Inconscientes », est une technique de gestion des émotions qui a été développée par Luc Nicon en France dans les années 2000.

Luc Nicon est un psychothérapeute français qui a travaillé pendant des années avec des patients atteints de phobies. Il a développé la méthode TIPI en se basant sur son expérience clinique et sa compréhension de la psychologie humaine.

La méthode TIPI repose sur l'idée que les émotions négatives sont générées par des peurs inconscientes qui sont stockées dans le corps. Ces peurs sont souvent associées à des événements passés et peuvent être déclenchées par des stimuli spécifiques.

La méthode TIPI vise à identifier et à libérer ces peurs inconscientes en permettant à la personne de ressentir pleinement l'émotion sans la juger ni la réprimer. En ressentant pleinement l'émotion, la personne est capable de la libérer et de la dissiper.

La méthode TIPI peut être utilisée pour gérer une large gamme d'émotions négatives, telles que la peur, l'anxiété, la colère, la tristesse et le stress. Elle est utilisée dans divers contextes, y compris la thérapie, la gestion du stress et la performance professionnelle.

Il est important de noter que la méthode TIPI est une technique de gestion des émotions qui peut être utile pour certaines personnes, mais qui ne convient pas à tout le monde. Les personnes atteintes de troubles émotionnels graves ou de troubles psychiatriques devraient consulter un professionnel de la santé mentale qualifié avant d'essayer la méthode TIPI.

DESCRIPTION

La méthode TIPI est une technique de gestion des émotions qui permet de libérer les peurs inconscientes en permettant à la personne de ressentir pleinement l'émotion sans la juger ni la réprimer.

Voici une description détaillée de la méthode TIPI.

1. **Identifier l'émotion** : la première étape de la méthode TIPI consiste à identifier l'émotion qui doit être traitée. Il peut s'agir d'une émotion négative, telle que la peur, l'anxiété, la colère, la tristesse ou le stress.

2. **Trouver la source de l'émotion** : une fois que l'émotion a été identifiée, la personne doit chercher la source de cette émotion. Il s'agit souvent d'un événement passé qui a été associé à cette émotion.

3. **Décrire la sensation corporelle** : la personne doit alors décrire la sensation corporelle associée à cette émotion. Il peut s'agir d'une sensation de serrement dans la poitrine, d'un nœud dans l'estomac, d'une tension dans les épaules ou d'autres sensations physiques.

4. **Ressentir l'émotion** : la personne doit ensuite ressentir pleinement l'émotion sans la juger ni la réprimer. Il est important de permettre à l'émotion de s'exprimer pleinement, sans chercher à la contrôler ou à la réprimer.

5. **Identifier la peur inconsciente** : au cours de ce processus, la personne peut commencer à identifier la peur inconsciente qui est à l'origine de cette émotion. Cette peur peut être associée à un événement passé, mais elle peut aussi être liée à une peur plus profonde et plus universelle, comme la peur de l'inconnu, de la mort ou de la perte de contrôle.

6. **Libérer la peur inconsciente** : la méthode TIPI permet à la personne de libérer cette peur inconsciente et de la dissiper en ressentant pleinement l'émotion associée à cette peur.

COMMENT UTILISER LA MÉTHODE TIPI

La méthode TIPI est principalement utilisée dans le domaine de la psychologie et de la thérapie. Elle est enseignée et utilisée par des praticiens de la santé mentale dans le monde entier.

Certaines personnes peuvent appliquer la méthode TIPI à leur travail, en particulier dans des domaines tels que la gestion du stress et la performance professionnelle. Des coachs ou des formateurs en développement personnel peuvent également utiliser la méthode TIPI dans le cadre de leur travail pour aider les clients à gérer leurs émotions.

Puisque la méthode TIPI est principalement utilisée dans le domaine de la psychologie et de la thérapie, il n'y a pas de cas pratique spécifique ou d'image qui illustre la méthode TIPI de manière générale. Cependant, voici un exemple hypothétique pour illustrer comment la méthode TIPI pourrait être appliquée dans un contexte thérapeutique.

 Supposons qu'une personne souffre d'anxiété sociale lorsqu'elle est entourée de groupes de personnes. Elle peut utiliser la méthode TIPI pour identifier la peur inconsciente qui se cache derrière cette anxiété. Elle peut identifier la sensation corporelle associée à cette anxiété, comme une boule dans l'estomac. Elle doit ensuite ressentir pleinement l'émotion, sans la juger ni la réprimer. En ressentant pleinement l'émotion, elle peut alors identifier la peur inconsciente qui se cache derrière cette émotion, comme la peur d'être jugé ou la peur d'être rejeté. Elle peut ensuite libérer cette peur inconsciente en ressentant pleinement l'émotion associée à cette peur.

En utilisant cette méthode, la personne peut dissiper sa peur inconsciente et gérer son anxiété sociale de manière plus efficace. Il est important de bien noter que la méthode TIPI ne convient pas à tout le monde.

AVANTAGES ET FORCES

La méthode TIPI présente plusieurs avantages et forces. Voici quelques-uns des avantages de la méthode TIPI :

- la méthode TIPI peut être efficace en quelques minutes seulement. En identifiant la peur inconsciente associée à une émotion et en la libérant, la personne peut souvent ressentir un **soulagement immédiat** ;

- la méthode TIPI est une **technique simple** et facile à comprendre. Elle ne nécessite pas de compétences ou de connaissances spécifiques pour être appliquée, et peut être pratiquée par quiconque ;

- contrairement à d'autres méthodes de psychothérapie, la méthode TIPI **ne nécessite pas que la personne parle** de son histoire personnelle ou de son passé. Il suffit de se concentrer sur la sensation corporelle associée à l'émotion ;

- la méthode TIPI **ne nécessite pas l'utilisation de médicaments**, ce qui en fait une alternative naturelle à la gestion des émotions ;

- la méthode TIPI **peut être utilisée dans de nombreux contextes**, tels que la thérapie, la gestion du stress, la performance professionnelle, la gestion des phobies et de l'anxiété ;

- la méthode TIPI a fait l'objet de plusieurs études qui ont montré son **efficacité** pour la gestion des émotions. Elle peut être utilisée pour gérer une large gamme d'émotions, y compris la peur, l'anxiété, la colère, la tristesse et le stress ;

- la méthode TIPI **peut être appliquée par la personne elle-même**, ce qui lui donne un certain niveau d'autonomie pour gérer ses propres émotions.

INCONVÉNIENTS ET LIMITES

Bien que la méthode TIPI présente de nombreux avantages, elle présente également certaines limitations et des inconvénients :

- la méthode TIPI **n'est pas adaptée à tous les types de troubles** émotionnels. Elle ne convient pas aux personnes atteintes de troubles psychiatriques graves ou de troubles émotionnels profonds. Dans ces cas, une consultation avec un professionnel de la santé mentale qualifié est nécessaire ;

- bien que la méthode TIPI soit efficace pour de nombreux cas de gestion des émotions, elle **peut ne pas fonctionner pour tous les cas**. Les résultats peuvent varier en fonction de la personne et de l'émotion à gérer ;

- pour obtenir des résultats durables avec la méthode TIPI, il est important de la pratiquer régulièrement. La méthode **nécessite de la pratique**, de la concentration et de la discipline pour obtenir des résultats optimaux ;

- la méthode TIPI peut aider à gérer les émotions à court terme, mais elle ne traite pas les causes sous-jacentes des émotions. Ce **n'est pas un traitement de fond**, il peut être nécessaire pour cela de consulter un professionnel de la santé mentale qualifié ;

- bien que la méthode TIPI soit soutenue par de nombreux praticiens et utilisateurs, elle n'a pas encore été largement étudiée par la communauté scientifique. Bien qu'il y ait des preuves anecdotiques de son efficacité, elle **n'a pas encore été validée scientifiquement** ;

- la méthode TIPI peut sembler inhabituelle pour certaines personnes, en particulier pour celles qui n'ont pas l'habitude de se connecter avec leurs émotions de manière aussi intense. Il est **important d'avoir une certaine ouverture d'esprit** pour tirer le meilleur parti de la méthode TIPI.

ALTERNATIVES ET MODÈLES COMPLÉMENTAIRES

Il existe plusieurs alternatives et méthodes similaires à la méthode TIPI pour la gestion des émotions. En voici quelques-unes :

- **EFT** (*Emotional Freedom Technique*) est une méthode de guérison émotionnelle qui implique de tapoter sur certains points d'acupuncture tout en se concentrant sur des émotions négatives ou des pensées limitantes. L'EFT est souvent utilisée pour gérer l'anxiété, la dépression, les phobies, les douleurs chroniques, etc. ;

- la **thérapie TCC** (thérapie cognitivo-comportementale) vise à changer les schémas de pensée et de comportement qui causent des émotions négatives. La TCC est souvent utilisée pour gérer la dépression, l'anxiété, les phobies, etc. ;

- la **méditation** est une pratique qui implique de se concentrer sur la respiration, les sensations corporelles, les pensées et les émotions. La méditation est souvent utilisée pour gérer le stress, l'anxiété, la dépression, les douleurs chroniques, etc. ;

- la **visualisation** est une technique qui implique de se concentrer sur des images mentales positives pour remplacer les émotions négatives. La visualisation est souvent utilisée pour gérer l'anxiété, la dépression, les phobies, etc. ;

- l'**hypnose** est une technique qui implique de se concentrer sur des suggestions positives pour changer les schémas de pensée et de comportement. L'hypnose est souvent utilisée pour gérer la douleur, les phobies, les troubles du sommeil, etc. ;

- la **méthode des 3C** (comprendre, considérer, changer) est une méthode de gestion des émotions qui implique de comprendre les émotions, de les considérer et de trouver des moyens de les changer.

Ces méthodes alternatives peuvent aider à gérer les émotions de différentes manières, mais elles ne remplacent pas les conseils d'un professionnel de la santé mentale qualifié. Il est important de trouver une méthode qui convient à votre situation et de consulter un professionnel si nécessaire.

 **APPLICATIONS**

Étude de cas 1 : la phobie sociale

Sophie est une jeune femme qui souffre de phobie sociale. Elle a peur de parler en public, de rencontrer de nouvelles personnes et d'assister à des événements sociaux. Elle a essayé plusieurs thérapies pour gérer sa phobie sociale, mais elle n'a pas encore trouvé de solution efficace. Elle décide alors de tester la méthode TIPI.

1. *Identifier la peur* : tout d'abord, Sophie identifie la peur qui la bloque en se concentrant sur les sensations corporelles qu'elle ressent lorsque sa phobie sociale est déclenchée. Elle se concentre sur l'accélération de son rythme cardiaque, la sudation de ses paumes et les tremblements de ses mains.

2. *Vivre les sensations* : ensuite, Sophie se concentre sur ces sensations corporelles et les vit pleinement, sans jugement et sans chercher à les changer. Elle se concentre sur l'expérience sensorielle de la peur.

3. *Se connecter à l'émotion* : après avoir vécu pleinement les sensations corporelles, Sophie se connecte à l'émotion sous-jacente à la peur, en se posant la question : « Quelle est cette émotion qui se cache derrière ma phobie sociale ? » Elle réalise que sa peur est liée à son sentiment de ne pas être à la hauteur et d'être rejetée par les autres.

4. *Libérer l'émotion* : enfin, Sophie utilise la méthode TIPI pour libérer son émotion. Elle se concentre sur l'émotion, sans jugement ni résistance, et se laisse aller à vivre cette émotion pleinement. Elle la vit sans penser à autre chose et sans essayer de la contrôler.

Après avoir utilisé la méthode TIPI, Sophie se sent plus légère et moins anxieuse. Elle a libéré une partie de son émotion et a commencé à travailler sur ses peurs sous-jacentes avec l'aide d'un thérapeute. La méthode TIPI lui a permis de mieux comprendre sa phobie sociale et de la gérer plus efficacement.

Étude de cas 2 : la phobie de parler en public

Une entreprise a organisé un séminaire de formation pour ses employés. L'un d'eux, Jean, a une forte phobie de parler en public et craint de devoir faire une présentation lors de ce séminaire. Jean a déjà essayé plusieurs techniques pour gérer sa phobie, mais il continue à ressentir une forte anxiété chaque fois qu'il doit prendre la parole en public.

Le coach de l'entreprise décide alors d'appliquer la méthode TIPI pour aider Jean à gérer sa phobie. Il guide Jean à travers les étapes de la méthode TIPI.

1. *Identifier la peur* : le coach demande à Jean de se concentrer sur les sensations corporelles qu'il ressent lorsqu'il pense à parler en public. Jean décrit l'accélération de son rythme cardiaque, la transpiration de ses paumes et la tension dans ses épaules.

2. *Vivre les sensations* : le coach encourage Jean à vivre pleinement ces sensations corporelles, sans essayer de les changer. Il lui explique que les sensations corporelles sont une manifestation de son émotion, et que les vivre pleinement peut aider à libérer l'émotion.

3. *Se connecter à l'émotion* : le coach aide Jean à se connecter à l'émotion sous-jacente à sa peur, en lui posant des questions sur ses sentiments et ses pensées à propos de parler en public. Jean réalise que sa peur est liée à son sentiment d'être jugé négativement par les autres et de perdre la face.

4. *Libérer l'émotion* : le coach encourage Jean à se concentrer sur l'émotion, à la vivre pleinement, sans jugement ni résistance. Il lui explique que la méthode TIPI peut aider à libérer l'émotion, même si cela peut sembler inconfortable au début.

Après avoir utilisé la méthode TIPI, Jean se sent plus à l'aise à l'idée de parler en public et il est capable de faire sa présentation lors du séminaire sans ressentir d'anxiété excessive. La méthode TIPI lui a permis de mieux comprendre sa phobie et de la gérer plus efficacement.

POUR ALLER PLUS LOIN

Voici quelques lectures qui peuvent fournir une compréhension plus approfondie de la méthode TIPI, ainsi que des techniques connexes de gestion des émotions et de l'anxiété. Il est important de noter que ces lectures ne remplacent pas les conseils d'un professionnel de la santé mentale qualifié.

- *Libérez votre cerveau ! Traité de neurosagesse pour changer l'école et la société* de Ilios Kotsou. Ce livre présente la méthode TIPI, ainsi que d'autres techniques de gestion des émotions et de l'anxiété.

- *La méthode TIPI : libérez vos émotions qui vous gâchent la vie* de Luc Nicon. Ce livre est une présentation détaillée de la méthode TIPI, ainsi que de nombreux exemples pratiques pour la mettre en pratique.

- *TIPI : Technique d'Identification Sensorielle des Peurs Inconscientes* de Bruno Lallement. Ce livre est une introduction complète à la méthode TIPI, ainsi que des instructions étape par étape pour l'appliquer efficacement.

- *La méthode TIPI : comment se libérer de ses émotions négatives ?* de Barbara Messina. Ce livre explore la méthode TIPI, ainsi que d'autres techniques de gestion des émotions et de l'anxiété, et fournit des conseils pratiques pour les appliquer efficacement.

- *La méthode TIPI : libérez-vous de vos émotions négatives* de Jean-Michel Gurret. Ce livre est une présentation détaillée de la méthode TIPI, ainsi que de nombreux exemples pratiques pour la mettre en pratique.

CONCLUSIONS TIPI ET RECOMMANDATIONS D'USAGE

La méthode TIPI est une méthode simple et efficace pour gérer les émotions. Elle permet de se concentrer sur les sensations corporelles associées à une émotion pour mieux comprendre et libérer cette émotion. Bien que la méthode TIPI ne soit pas une solution universelle pour toutes les situations émotionnelles, elle peut être une aide précieuse pour gérer le stress, l'anxiété, la colère, la tristesse et d'autres émotions.

Il convient de noter que la méthode TIPI ne remplace pas les conseils et les traitements médicaux professionnels pour les troubles émotionnels graves. Les personnes souffrant de troubles émotionnels graves devraient consulter un professionnel de la santé mentale pour recevoir un traitement approprié.

Si vous souhaitez utiliser la méthode TIPI pour gérer vos émotions, voici quelques recommandations à suivre :

- pratiquez régulièrement la méthode TIPI qui sera alors plus efficace. Essayez de vous concentrer sur vos sensations corporelles et de vivre pleinement vos émotions plusieurs fois par semaine ;

- soyez honnête avec vous-même sur vos émotions et vos sensations corporelles, et ne jugez pas vos émotions. La méthode TIPI est basée sur l'honnêteté et la conscience de soi ;

- restez concentré sur l'émotion que vous essayez de gérer, lorsque vous utilisez la méthode TIPI. Ne laissez pas votre esprit divaguer vers d'autres pensées ou émotions ;

- la méthode TIPI peut sembler étrange ou inconfortable au début. Restez ouvert d'esprit et continuez à pratiquer la méthode, même si elle ne fonctionne pas immédiatement.

En résumé, la méthode TIPI peut être une méthode utile pour gérer les émotions. En combinant cette méthode avec d'autres techniques de gestion des émotions et l'aide professionnelle si nécessaire, vous pouvez mieux comprendre vos émotions et les gérer plus efficacement.

Votre avis nous intéresse !
Laissez un commentaire sur le site de votre librairie en ligne
et partagez vos coups de cœur sur les réseaux sociaux !

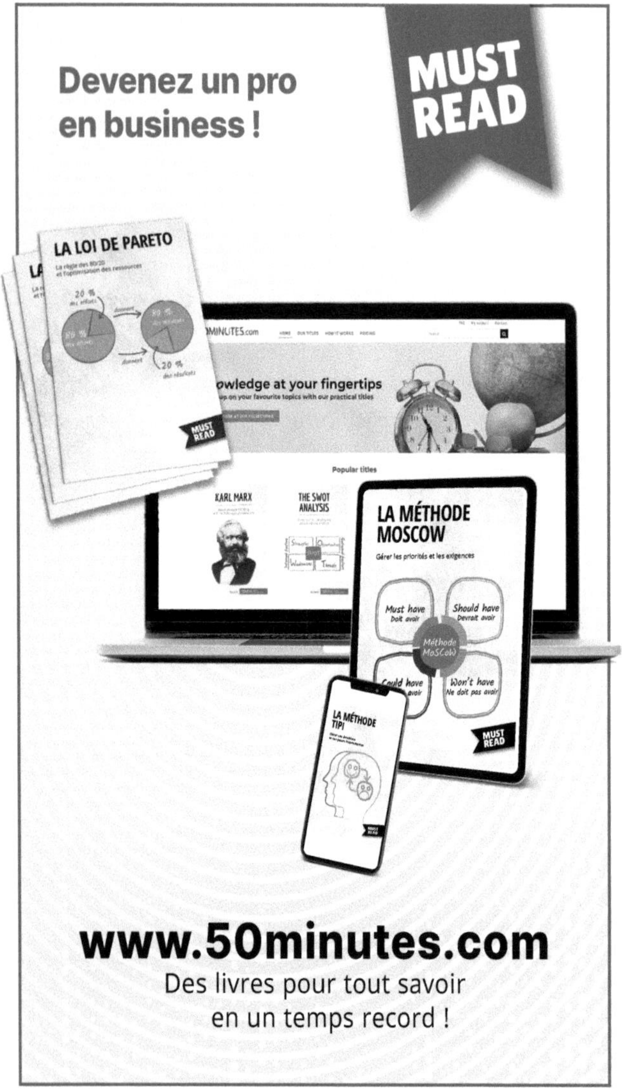
Devenez un pro
en business !
MUST
READ
LA LOI DE PARETO
La règle des 80/20
et l'optimisation des ressources
20 %
des efforts
80 %
80 %
20 %
des résultats
MUST READ
Popular titles
KARL MARX
THE SWOT ANALYSIS
LA MÉTHODE
MOSCOW
Gérer les priorités et les exigences
Must have
Doit avoir
Should have
Devrait avoir
Méthode
MoSCoW
Won't have
Ne doit pas avoir
MUST READ
LA MÉTHODE
TIPI
www.50minutes.com
Des livres pour tout savoir
en un temps record !

L'éditeur veille à la fiabilité des informations publiées, lesquelles ne pourraient toutefois engager sa responsabilité.

www.50minutes.com

ISBN version numérique : 9782808696364
ISBN version papier : 9782808695862
Dépôt légal : D/2023/12603/1961

Couverture: © Primento

Conception numérique : Primento, le partenaire numérique des éditeurs